한만수 스케치 드로잉 시집

영혼의 표정

s o u l e x p r e s s i o n

영혼의표정

초판 1쇄 2021년 07월 29일

지은이 한만수
발행인 김재홍
총괄·기획 전재진
디자인 김은주 김다윤
마케팅 이연실

발행처 도서출판문학공감
등록번호 제2019-000164호
주소 서울특별시 영등포구 경인로82길 3-4 센터플러스 1117호(문래동1가)
전화 02-3141-2700
팩스 02-322-3089
홈페이지 www.bookdaum.com
이메일 bookon@daum.net

가격 15,000원
ISBN 979-11-5622-618-5 03810

ⓒ 한만수 2021, Printed in South Korea.

- 이 책은 저작권법에 따라 보호받는 저작물이므로 무단전재와 무단복제를 금지하며, 이 책 내용의 전부 또는 일부를 이용하려면 반드시 저작권자와 도서출판지식공감의 서면 동의를 받아야 합니다.
- 파본이나 잘못된 책은 구입처에서 교환해 드립니다.
- '지식공감 지식기부실천' 도서출판지식공감은 창립일로부터 모든 발행 도서의 2%를 '지식기부 실천'으로 조성하여 전국 중·고등학교 도서관에 기부를 실천합니다. 도서출판지식공감의 모든 발행 도서는 2%의 기부실천을 계속할 것입니다.

한만수 제1시집

한만수 스케치 드로잉 시집

영혼의 표정

soul expression

문학공감

발간사

시인의 말

그때 그걸 알았더라면,

더 행복하고 덜 고민했을 텐데…
나는 오늘도 시행착오 하나 덤으로 챙기면서 아쉬워한다.

박씨성 화백이 펼쳐놓은 그림 전시회에 가서 감동하고, 다음날엔 산 넘어 합창단 공연에서 박수치고, 감격하고, 감탄한다.

내가 할 수 있는 건 무얼까?
무엇이든 해보지 않고는 모를 일이다.
시와 스케치 드로잉으로 조심스레 한 묶음 만들고 싶었다.
시는 다듬고 가꾸어서 간결한 줄기에 꽃 한 개 피워 올리는 것이라면
그림은 백지에 칠을 더해가는 과정이니, 상반된 두 개의 작업은

나에게 몰입하는 자유스러움, 평안함, 내 마음은 그랬다.

참 별것도 아닌 일에 목숨 걸며 살지 않기,
하루의 톱니바퀴 헝클어지지 않을까 조바심 덜 하기,

잠시 뒤로 물러서서 평소 하고 싶던 일에 빠져 그 세계에 서서히 한쪽 발을 담가 보는 것은 어떨까,

더 즐겁고, 덜 고민 하기 위하여.

또한, 사진작가로 더 알려진 한국문인협회 미주지회 강정실 회장님의 솜씨 좋게 펼쳐놓은 제1시집 스케치 드로잉 시집은 참 예쁘게도 잘 만들어졌다.
수고에 감사드리며 앞으로 2집 3집도 이랬으면 하는 바람을 가져본다.

2021. 6월 말, 뉴욕에서
저자 한만수

목차

발간사

1/ 다랭이 마을

은물결 금강의 소리 _ 10
하얀 나목 _ 12
해변지기 해당화 _ 15
10월의 한나절 _ 16
유월의 강물 _ 17
오월의 물줄기 _ 18
민트향 숨소리 _ 20
민들레 홀씨 _ 22
달님 달님 _ 23
낮은음자리 춤 _ 24
다시 너에게로 _ 27
다랭이 마을 _ 28
노을 _ 30

2/ 소나기 단상

그림자 _ 34
여름 해지기 _ 36
봄비 유감 _ 38

햇살 쏟아지는 날에 _ 40
바다에 살고 지고(1) _ 42
바다에 살고 지고(2) _ 44
바다에 살고 지고(3) _ 46
여우비 _ 49
출렁이는 하루 _ 50
물은 물이 아니로다 _ 52
소나기 단상 _ 54
설렘을 위하여 _ 56
파도는 세월을 보채고 _ 57
벤치 단상 _ 58

3/ 주춤이는 변신

바람이 머무는 곳 _ 62
여기 반만년의 자궁 하나가 _ 64
신이 나들이하기 좋은 날 _ 65
이방인의 합창 _ 66
연기처럼 사라진 간이역 마을 _ 67
소인국 골목길 _ 69
아파트 공화국 _ 71
빨간 코 신발 _ 72
마음에 보톡스 _ 73
갈증 없는 공원 _ 74
푸른 벌판에 서러운 오르가즘 _ 76
주춤이는 변신 _ 77
이 또한 극한 작업이라서 _ 78

4/ 연어만도 못한 놈

길에서 길을 묻는다 _ 80
그 밤하늘 _ 82
소화전의 영광 _ 84
새봄이 온다 _ 85
낮말은 새가 듣고 _ 86
연어만도 못한 놈 _ 88
우리에겐 반달 DNA가 있다 _ 90
천체 망원경 _ 91
해바라기 대궁 커가던 한낮 _ 92
천국과 지옥 사이 _ 93
수채화 교실 _ 94
겨울 산 비탈길에 _ 96
돌아오는 길 _ 98
전설의 늪지대 _ 101

5/ 영혼의 표정

다시 어둠 속으로 _ 104
나이아가라 _ 105
여인의 도시 론다 _ 106
춤추는 플라밍고 여인 _ 108
스카보로 장에 가세요 _ 110
고인돌 세운 돌 눕힌 들 _ 112
영혼의 표정 _ 113
태양의 도시 _ 114

헤밍웨이와 누에보 다리 _ 116
DMZ 전시장에는 _ 117
JFK공항에서의 따발총 형님 _ 118
영국령 지브롤터 해협 _ 122
거룩한 통로 _ 124

6/ 침묵은 금이다

황소 대가리와 황토 울타리 _ 126
냇가에서 _ 128
어머니의 감자 캐기 _ 130
담장 넘어 그 창문에는 _ 132
누렁이 발톱 _ 133
행복 바이러스 _ 134
검은 떡국 _ 136
첫사랑 _ 138
김 장로와 다람쥐 _ 141
침묵은 금이다 _ 142
천왕봉에서 _ 144
땅끝마을 지나서 _ 146

1
다랭이 마을

은물결 금강의 소리

물소리 곱다
무지개 걸린 강 벽은
오색 물들인 단청 바위가 되고

무지개 키워낸 젖은 햇살은
강심에 뿌리 깊게 내리고

강물은 곱다랗게 띄워 올렸다
강가에 바람 넘실 춤추면

일곱 줄무늬 연주곡 굽이치는
비 갠 오후 3시쯤

하얀 나목

아침 해 유난히 흐르는
그 초연한 색채의 맑은 아침

바람은 능선에 누워서
아름다운 선율처럼
나뭇잎을 흔든다

이것은 청산에 고요한 고백의 숨소리

나무는 벗은 몸으로 제 살을 드러내고
휘이익 나무의 휘파람 소리 장막은
얼음조각 돌풍 바람을 밀쳐낸다

응달진 겨울 산 추위를 견디는 것은
여름내 키워온 잎들을 땅 밑에 묻어두고
함께 호흡하기 때문이려니

세차게 몰아치는 바람 줄기는 채찍이 되어
마른 나무껍질은 석수장이 돌조각 깨져 나가듯

튀어 나간다

줄 긋고 지나간 실바람에도
요란스레 떨어대는 나무 잎새
그래서 사시나무라는 이름 하나
덤으로 챙기고

겹겹 허물 벗겨져 속살 드러나
쑥스럽지 않은 하얀 부끄러움

백양나무

해변지기 해당화

바다는 고요하게 누워 있다
바람에 흔들리는 꽃송이들은
해변지기 해당화

어디선가 날아와 스치는 커피 향 줄기
해변의 길손인가

저만치 보이는 포차 커피숍
이쯤 해서 진한 에스프레소 한잔이면

커피 파라다이스

10월의 한나절

강물에 맨발을 내려놓으니
물소리 철썩철썩
강바람에 옷이 춤춘다

들판 누워 풍경에 둘러싸인 채
강변 고요히 물들어 오면
한나절 이 풍광을 입질하고 싶어진다

뿌연 안개 드리워져
하늘과 강을 분간하기 어렵고

희미한 빛이 구름 속에서 비칠 땐
쌀뜨물에 부풀어진 해의 얼굴은 민낯

유월의 강물

한 줄 금 스치는
차가운 바람 줄기
푸르스레 안개 덮인
강물 흔들며 지나가면

강은 흔들리는
거울 조각이 되어
내 마음 비춰 보이는
유월의 푸른 눈빛이다

오월의 물줄기

은빛 아침 햇살이
맑은 빛으로 뿌려지는 오월

바다는 초록빛 푸르러지고
하늘엔 파랗게 물든 코발트

밀이삭 쓸어주는 갈매기 날개
하늘하늘 흩날리는 오월의 들꽃

민트향 숨소리

산굽이 돌고 돌아
오르고 내리듯
작은 동굴 입안을 요리조리
갈고
닦고
때우고

가는 물줄기 뱅그르르
치아에 휘감아 쓸어내리는 멜로디

이음새 없는 매직을 하듯 작은 손
열 마디 손끝으로
촘촘히 새겨 넣는
혼신의 힘
그 정성 바위도 물렁 해지겠네

새 단장 치아 혀끝으로 다독이며
치과 문을 나설 때
민트향 새어 나갈까

입술 꼬옥 다물고,
배시시 눈으로만 인사하지요

민들레 홀씨

민들레 홀씨
한 개 달랑
매어 달고

솜사탕 구름에
둥실 두둥실
실바람 선을 따라
너울성 춤을 춘다

동그랗게 한번
허공을 그려보고
생명의 뿌리 길섶

영토를 떠날 순 없지
일편단심
다시 그 자리에

달님 달님

오늘 뜨는 달은
어제의 것이 아니다

물 쟁반에 담겨 있는
똑같은 모양의 달

어제의 때가 비켜간
맑은 알 속처럼

둥글게 흔들리고
흘러내린

어제의 눈으로 보이는
오늘의 달

낮은음자리 춤

집 담장에 늘어진
보라색 꽃
그 아래에 놓인
하얀 벤치

이 좁은 길을
지나다 보면
큰 나무 속에 파묻힌
어린나무 하나가
팔랑이는 잎사귀만
살짝 내어 보인다

다시 너에게로

이른 아침 물새떼가
바닷바람 가르고

낮에는 아네모네 꽃잎
흐트러져 날리고

저녁에는 풀벌레 소리
울려 퍼지는 이곳

너는 혼자 있지 않으니
너의 간절한 바람이

작은 별 뚝뚝 떨어져
내릴 것 같은

은하수 먼 데서 온
별빛 미소 다가온다

다랭이 마을

산허리 능선에 굽이친
다랭이 마을을
내려다보고 있노라면

조심스레 짜 맞추고
눕혀놓은 정교한 설치 작품이다

햇살은 그 퍼즐 조각이
흩트려지지 않게 계절 따라
띠를 둘러 매어주고

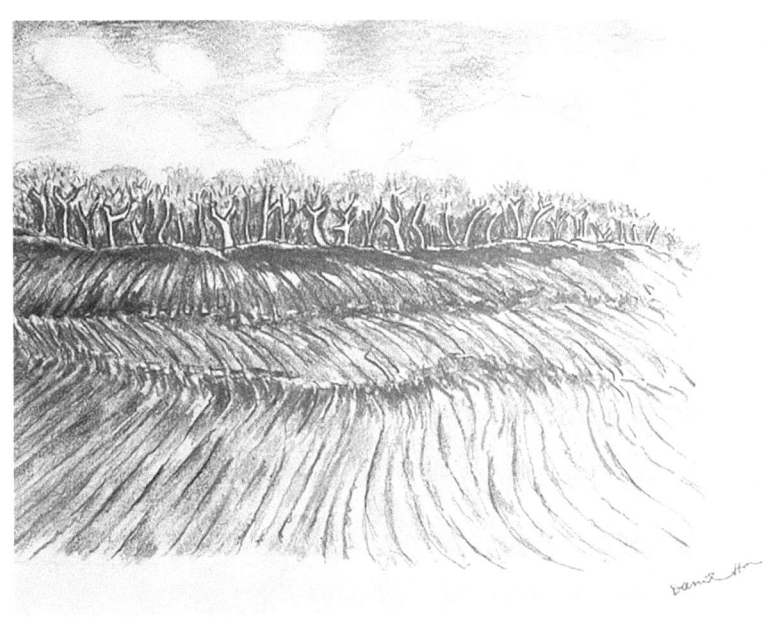

노을

오후 바다의 은물결은
유월의 햇살만큼이나 빛났다
모래 위에 피어오르는 빛 조각은
시울이 아리도록
해평선이 눈 안에 출렁인다

아주 가끔
뱃길도 포구도 없는 이 마을 쪽을
빙 돌아가는 크고 작은 배들
그래서 그런가 보다
흙냄새 그리울 땐…

해 저문 바닷가
실타래 풀려나간 듯 이어진
물새 발자욱 따라 사각사각
어둠을 밟아 간다

살랑거리던 실바람이
세차게 발목을 휘감아 돌면

이쯤에서 돌아가라는
석양의 전령일 게다

빛 고운 노을은
그리움과 아쉬움을
물들이고 사라지는
고요한 환호성이다

2

소나기 단상

그림자

이 좁은 길에 첫발을 디뎠을 땐
아직 사라지지 않은 별 몇 개가
총총 빛나고 있었다
— 별이 반짝이는 건
　영롱함이 숨어 있어서 그렇겠지 —

세월의 질곡을 견디면서 생겨난
이 협수로 같은 골목은 무수히 스쳐 간
사람들의 냄새가 배어 있고
숨소리 녹아있는 통로이다
발걸음 헤쳐나가면 어둠은 빈틈없이
골목을 채워나갔다

앞을 가로지르는 차들의 불빛은
바닷물 깊게 출렁이는 모습이어서
스치는 파도 물결은 높아져 가고
골목 안 깊숙이 박혀 있는 어둠 기둥은
가슴으로 밀어내는 가쁜 숨소리에
감당할 수 없는 무거운 어둠이 되어

내 안으로 쓰러져 오는 듯하고

저만치 보이는 창밖에는
아직 잠들지 않은 도시가
출렁이고 있다

여름 해지기

지루한 여름 해
긴 한나절 저물고

황금빛은
성당 스테인드글라스
창 안으로 들어와
황홀하게 채색 중이다

창밖 잘 익은 노을빛은
바람에 뿌려지고

조개구름 비켜 간 여름 해는
주황에서 주홍으로
다시 붉은빛 짙게 물들어 가더니
종소리 울림에
그 모습 서서히
숨어든다

지평선 너머로

봄비 유감

봄비는 내리는 게 아니고
마음을 적시는 거다

곱게만 내리는 봄비도
추적추적 후두두둑
뿌려대는 봄비도

가슴 동굴 안으로 스며든다
가랑비에 젖는 게 어디
옷뿐이겠는가

추녀 밑 낙숫물 소리는 발길 충동질
해가며 심란한 마음을 끌고 다녔다

그때 봄비가 엄청 감미로웠거든
그날 봄비는 밖으로 불러내는 여우 손짓 같아서
이게 다 마음을 적시는 봄비 탓이려니

청승맞게 빗속을 어슬렁거리며

허깨비 같은 추억의 비밀 뭉치라도
찾아 나선 것처럼 타박거릴 때
봄비를 맞는 건 안달스레 제 마음을
흠뻑 적시고 싶은 거다

햇살 쏟아지는 날에

겨우내 햇볕 한번 제대로 쬐지 못한 나무들이
봄볕 아래서 마음껏 해바라기 하고 있다

하늘과 구름이 먼 곳에서 밀려와 마주하고
물과 바람은 살갑게 어루만진다.

나뭇가지와 숲은 잎새 흔들며
따사로운 빛 잔치를 하고 있다

산과 바위에 햇살 쏟아지는 날에

바다에 살고 지고(1)

'검푸른 파도 삼킬 듯 사나워도
나는 언제나 바다에 사나이'

파고가 높은 날은 악을 써대며 밧줄을 당긴다
거친 파도가 유능한 사공을 만든다 해도 피곤하고 힘겨운 거다

남영 50호, 남영 50호, 본함 우현에 다가오시오!
수면 위를 타고 뻗어나간 우렁찬 명령에
그 어선이 서서히 다가와 밧줄을 던진 것이다
고기잡이배를 불러 세우는 것은 대개 두 가지 이유다
하나는 제한 구역을 벗어났을 때
다른 하나는 군함의 장병 부식이 필요할 때
그러나 간혹 생선을 받고 금액을 제대로 지불하지 않은 때도 있었으리라

갑판에 쌓이는 생선 궤짝에는 싱싱한 은빛 광채가 출렁거린다
― 생선값은 다 줘야겠지? ―

─ 당연하지, 바다에 방패로써. 그렇지 않으면 바다에 깡패, 아니, 해적의 후예가 될 테니까 ─

얼마 후 작업이 끝나고 어부들이 밧줄을 잡아당기며 손을 흔들어 보인다
둥글둥글 힘이 뭉친 어깨들, 표정이 밝다
생선값이 문제가 되진 않았나 보다

바다에 살고 지고(2)

파란 하늘 솜사탕 흰 구름이 반갑게 다가올 때 배의 물결은 흰 구름을 일순간에 일그러뜨린다 거센 파도가 쿵쿵 부딪는 바윗덩이 마냥 들이친다

조금 전까지 갑판 위 배구 경기의 드높던 함성은 수면 아래로 스며들고, 배 안은 폭풍 전야인 듯 조용하다 그도 잠시, 종소리 네 번 깨질 듯 울리고
― 외부 침입자 격퇴요원, 후갑판에 집합! ―
격앙된 소리 고막을 파고든다 이제 긴장감이 돌고 갑판을 내딛는 말발굽 소리, 우르르 튀어나오는 장병들, 현장에 도착한 모두는 움찔, 당황스럽다. 긴부리돌고래 두 마리가 갑판 위에 튀어 오르며 생난리다
― 밀어버려!, 밀어버려! ―
큰소리 외쳐대기만 할 뿐, 무엇으로 어떻게 밀어내야 할지….
그래 봐야 청소도구 정도인데 다리를 움찔거리던 박수병이 재빨리 배구 코트 기둥을 뽑아 들자 바로 이거다 싶게 몰려들어 밀어내기 시작한다 엎치락뒤치락 와중에 고래는 타의 반 자의 반 물속으로 뛰어들었다 대열을 이탈

한 돌고래가 이렇게 후끈 달게 해놓고 냉큼 사라진 거다

— 뜨거운 갑판에 계란 후라이보다 돌고래 후라이가 훨씬 좋은데… —
박 수병이 입맛을 다시며 아쉬워한다
슬며시 주저앉는 그의 발목을 잡으니 좀 불편한 기색이다
피식 웃으며 왼발 바지를 무릎 위까지 걷어 올리는데 정강이 한복판이 움푹 함몰된 거무스레한 자국이 드러난다
아아, 이건 어떤 사고의 흔적이 아닐까 생각이 스친다
검은 상처를 쓰다듬으며 병정놀이가 힘든 건, 수평선에 눈을 얹혀 두고 그냥 얼버무린다
그리고 단호하게 말을 끊는다
— 우리는 구타의 전성시대에 살고 있으니까 —

바다에 살고 지고(3)

물결 거울처럼 잔잔한 서해를 항해할 때, 단조로운 물살 가르는 소리만 들리고, 작은 섬들의 위로를 받으며 평화롭게 스쳐 갈 때, 육지가 저만치 1㎞ 남짓에 있을 것 같고 이럴 땐 '지루한 항해'란 말밖에, '지루한 항해'란 말을 하니 오래된 영화 '해저 2만 리'가 떠오른다.

최초의 바다 영화, 무성 영화이며 해저 촬영 작품으로 1800년대 년 후반 프랑스 작가 쥘 베른의 고전 과학 소설이다. 바다를 사랑하는 '네모 선장'의 이야기 월트 디즈니의 애니메이션으로도 만들어진 '니모를 찾아서'는 '이모를 찾아서'라는 유행어도 만들었다던가.
대서양과 태평양에 수시로 포착되는 괴물을 찾기 위하여 벌이는 미스터리 공상 과학 영화의 비밀은 생전 듣도보도 못 한 가상의 '노틸러스 호'라는 잠수함의 존재다.
그 후 세계는 이 공상 과학 영화 한 편으로 잠수함 기술력을 크게 발전시키는 기폭제가 되었는데, 사실 미국에서 만든 최초의 원자력 잠수함도 '노틸러스 호'라 명명하고 1958년 세계 최초로 북극점을 통과하고 항속 거리는 무제한이며 오늘날에는 랜드마크로 지정되었다고 하니 랜드마크는 건물이나 땅뿐이 아닌가 보다.

해양학자 교수가 이 괴물을 찾기 위하여 프랑스 군함에 승선하지만, 너무 길고 긴 날짜에 이 '지루한 항해'를 견디지 못하고 언젠가는 반드시 탈출해야 한다는 일념으로 갈수록 고뇌가 깊어져 간다.
'지루한 일상'을 벗어나고 싶은 간절한 바람. 가끔은 이유 없이 조퇴하고 싶을 때가 있듯이 ―

협소한 캡슐형 공간을 매일 돌다 보면 매너리즘에 빠지긴 얼마나 쉬운 일인가?
잠수함이야 말할 것도 없지만, 아무리 큰 항공모함도 모든 구조가 캡슐형 격실로 이루어졌다.
크고 작은 식당, 모든 침실, 화장실과 샤워실, 세탁실, P.X, 할 것 없이 모두 모두 중범죄자를 가둬두는 격실 또한 예외 없이 캡슐형이다.

우리는 한 번쯤 어떤 곳을 향한 일탈의 욕망에 시달리기도 하지만 정작 그런 일은 생각만큼 그리 쉽게 많이 일어나지는 않는다.
'지루한 항해'라 해서 훌쩍 뛰쳐나왔다고 하면 그 후에 두고두고 무슨 소릴 듣겠는가?
.
.
.
"뱃놈!"

여우비

여인네 치맛자락 적시고
고운 실금 타고 내려가

은 물방울 얼굴로
매달리고 싶은

여우 같은
여우비

반짝
비

출렁이는 하루

금빛 찬란한 마차를 타고
하늘 훨훨 날 때도 있었다

날 부르는 손짓 하나 없어도
발길 멈추는 그곳엔
마음이 먼저 와 있었고
마음이 있는 곳엔 발길 재촉에
숨결은 턱에 걸려 있었다

돌아보면 꿈 같은 세월
모두가 꿈 같은 얘기

급하게도 빠져나간 썰물 같은 세월
회한의 지난날을 주섬주섬
꿰맞추는 시간은 길어질 터이다

오늘도 유수의 이음새에 엮이어
출렁이는 꿈 하나 다시 부풀리며
우리는 그렇게 세월을 움켜쥐려나 보다

물은 물이 아니로다

군대를 갓 제대한 옆집 아저씨가 이발소까지 같이 가자고 해서 따라갔다.
머리를 다듬고 이발사는 척척 타다닥 무언가를 아저씨의 머리에 열심히 찍어 바르고, 문지르고, 쓰다듬어 주었다.
뭐 그리 대단한 것을 발라 주는 걸까,
"아, 그거? 물 발라준 거야, 물"
2월의 보리밭 둑을 지날 때 바람은 왜 그리도 매서웠던지 촘촘히 박힌 고슴도치 머리 형상의 물 바른 뒤통수가 유난히 반짝거리는 것은
살얼음이 솟아 얼어붙는 것이었다.
삐죽삐죽 올라오는 칼끝 보리싹처럼이나
"뒤통수 시렵지 않으세요?"
"아, 괜찮아 괜찮아!"
아저씨의 어깨와 발걸음은 힘차고 절도있게 움직였다.

그가 어느 아가씨와 선을 보는 날이란 건 저녁에 알게 되었다.
패기에 넘치던 석고상 같은 그의 얼굴이 떠올랐다.
예쁜 여자 하나 얻는 게 그리도 신바람 나는 일일 줄이야.

뒤통수에 살얼음이 얼어붙는다고 해도 그게 뭐 그리 대수이겠는가

소나기 단상

여름날
갑작스러운 소나기의 우연성은 그런 거다
나무 아래 넝쿨 속으로 숨어들었다가
이 순결한 남자와 여자의 숨결이 생경스레 떨림을 만들고

설레임의 미묘한 느낌은 가슴 저 안으로
사뿐히 내려앉아 요동칠 터이고
사랑이란 그렇게 스며드는 걸까

차마 사랑이라 말하기엔 내심 조심스럽고
애틋한 감정의 흐름만 살아 숨 쉰다

그러나 이 떨림이 조각날 때 누구에게도 나누지 못할
자기 몫의 슬픔이 새록새록 솟아오를 게다

사랑은 다시 올 수 없는 흔적을 애써 키워나가는
상처이어서
순식간에 왔다 사라지는 사랑은 소나기 같은 거다

사랑은 어떤 것일까
사랑은 연기 같은 거다
사랑은 치명적이다
그래, 결국 사라지는 거다 소나기처럼

설렘을 위하여

낯선 곳 발자욱 내딛는
발걸음 앞에는

낯선 것들이 꼬리를 무는
생소한 아름다움이 있다

낯선 설렘 채우려고
펼쳐지는 풍경에 감탄의 제스처

시름시름 일상을 이어 가는 것은
설렘이 다 닳아 빠진 거라서

낯선 설렘을 위하여
일상 탈출의 청사진을 그려간다

낯선 만남도 설렘의 한통속이다

파도는 세월을 보채고

옥포만 파도 소리 잠 깨울 때
차가운 봄비 어깨 위에 부서져 내리고
후들거리는 발목 핥으며 사타구니 파고드는
바닷물 움켜쥔 바람

수레바퀴 같은 군화에 몸담고
파도에 출렁이는 배에 오른다

수평선이 곤두박질치면 집채 파도 덮쳐들고
뱃머리 치솟아 오르면 놀란 갈매기 깃털 하나
화살처럼 뽑혀 유성 같이 날아간다

안갯속에 서서히 다가서는 아름다운 풍광
남해의 푸른 물결이 멍석 말듯 달려온다
동양의 나폴리에 나는 갈매기는 한결 평화롭다

"좀 어지러웠지? 파도가 심해서"
"아무러면 어때, 사나이 한평생 세월로 보채는 거지"

벤치 단상

부활절 아침
브라스 밴드를 앞세운 5번가의 퍼레이드
우렁찬 함성이 터져 나오자
누워 있던
그가 움찔거린다

뒤틀려 휘어진 벤치는
늘 그의 지정석이다

때 절은 솜 잠바 속으로
무릎 구부려 넣고
둥글게 움츠린 애벌레
털썩 던져 버리고는
미동도 하지 않던 그의 귀에
베토벤의 "기쁨의 찬가"가 들려 온다

하늘을 끌어당기듯
팔 벌려 긴 하품을 하고는
신발을 찾는다

한참이나 그의 머리 위를
맴돌던 노랑나비 하나
그의 뒤를 따라 나선다

— 인생은 초판 보다
개정판이 아름답다 —

퍼레이드의 함성보다
나비가 전하는 울림이 더 크다

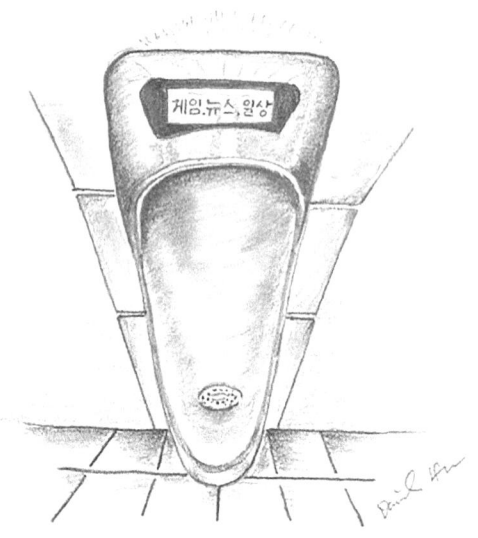

3
주춤이는 변신

바람이 머무는 곳

밤하늘에 계곡이 깊어져 가면
총총한 별과 달이 산 위에 내려앉는다
서로는 맑은소리로 얘기를 주고받는다
숨소리 멈추고 속삭임 엿듣는데

나무마다 스쳐 간 바람 지문결 더듬으며
바람, 바람은 어딜 갔지, 없어진 바람.

온종일 떨린 새들의 깃털 잠재우려고
저 들판 넝쿨 속에 숨어든 바람
새들은 새록새록 별과 달에겐 비밀
어둠만 키워나가는 동굴 속 시간

새벽 종소리가 아름다운 건
만물이 잠들어 고요가 감싸 안아서

여기 반만년의 자궁 하나가

여기 반만년을 벌리고 있는 자궁 하나가
메말라 가고 있다

온기도 물기 하나 없이 사라진
대대로 이어 살던 우리 강산에

낮과 밤을 이어 태를 끊던 그 창문 안엔
해마다 적막강산이라

신이 나들이하기 좋은 날

흰 구름 사이로 비추는 하얀 햇살과
귓가를 지나는 부드러운 바람은
강물을 흔들며 온통 황금빛 물비늘로 일렁인다

살아 신명 나는 시간의 흐름 속에
세월의 고랑을 타고 넘나드는 강물에
투명한 푸르름이 물들어 감싸이고
태양은 한껏 커져서 다가온
눈부신 날이면

이방인의 합창

도시의 광장은
이방인에게는 쉼표가 쌓이는 곳
이정표이며 등대

왔노라
보았노라
신기하고
생소하고
특이한 것들,
저마다 풀어내는 높은음자리
이방인들의 합창은
한 폭의 그림을 그려낸다

다음 발길 향할 곳
맘속에 새겨두고
지쳐 숨죽인 가방 다독인다

연기처럼 사라진 간이역 마을

그 작은 마을 구불구불 골목길 들어서면
아담한 집들이 옹기종기 모여 있었다
졸린 멍멍이는 낯선 인기척에도 하품만 해대고,

공동 수돗가에서 빨래하며 수다 떨던 여인들의 목소리
나무 울타리에 척척 걸쳐 널린 조각 빨래들,
어느 설치 작가의 작품이 이렇게 자연스러웠을까

모퉁이 구멍가게에선 한가롭게 손님을 기다리며
벽에 기대어 앉은 초라한 아저씨 모습
어쩌다 가게 앞에서 주춤거리기라도 하면
친근하게 다가왔다

적막한 마을에 무성하게 자란 나무들이
좁은 길에 파고들어 어두운 그늘이 드리워져 있다
발등으로 먼지들이 풀썩거리며 솟아올라
그림자처럼 스며든다
연기처럼 사라진 이 간이역 마을에

소인국 골목길

골목과 골목이 만나는
작은 사거리

빨강, 노랑, 파랑, 하양
네 개의 집이 마주 보고 도란도란

이건 동화 속 소인국이네

골목길을 두리번두리번
내일 다시 또 와봐야지

아, 깜빡했던 낮잠 결에
다시 눈감아 가고 싶은 그 골목길

아파트 공화국

차창 밖 저만치 이어지는 광경은
줄지어 선 회색 고층 아파트
그건 고속도로를 구축하는 부속도로
사각형의 시멘트 집합체 병풍 두르고
서 있는 탄(炭)색의 덩어리

공장에서 찍어낸 판박이 공산품 진열
넘겨진 세월 떠올릴 땐 공룡 뼈대 산적한
우골탑 형상 닮아가진 않을까
오늘의 이 아파트 공화국이

빨간 코 신발

하얀 손 잡았을 땐 먼 하늘에 눈을 두고
저 멀리 저 멀리 떠날 사람 볼 수 없어
나부끼는 긴 머리만 하염없이 쓸어내리네
바람 따라 강물 따라 뛰어놀던 날
빨간 코너의 신발
우리는 행복했네

아아, 오늘도 이 길을 서성인다
그리움 맴도는 얼굴 돌아서던 길
밤하늘과 별들이 두 눈 속에 비춰 흐르네
해와 달이 오고 가면 우리 만나리
즐거웠던 징검다리 우리 함께 다시 가보자
아아, 그 시절 우리는 행복했네

마음에 보톡스

삶이 막막할 때
우리는 되돌아본다.
더 이상 앞으로 나아갈 곳이 없어 보일 때
오직 한가지 바람은
마음도 몸도 안 아픈 곳으로
흘러가고 싶은 마음 간절하다

달리는 버스 차창 너머로 바라보는
가로수 불빛처럼 스쳐 가는 순간순간의 이어짐
강한 빛줄기 하나 눈 속을 헤집고 빨려 들어온다

왠지 쉬었다 살고 싶다는 생각이 순간 증발해버리고
'다시 시작'이라는 변덕스러움이 인다
마음에 보톡스를 맞은 셈 치고

갈증 없는 공원

공원 크기가 축구장 반쯤이나 될까
테니스 코트, 농구연습장, 미끄럼틀
그리고 빨간 줄 그네가 두 개

오늘도 아무도 없네
심심해진 바람이 그네만
흔들고 지나가는 적막한 공원

100미터쯤마다 음수대가 여섯 개나
물이 나오는 수도꼭지는 한 개도 없으면서
'갈증 없는 공원' 사인이 입구에서 흔들린다
울타리 밖에는 수도국 건물과
거대한 물탱크 타워가 높이도 솟아 있는데…

아, 그랬었구나
'갈증 없는 공원'

몹쓸 코로나바이러스! 그것이 덮쳐 오기 전에는

푸른 벌판에 서러운 오르가즘

눈부신 쇠 막대기 힘차게 휘둘러
파란 하늘에 하얀 점 하나 띄우고

덕팔이는 그녀의 손목을 꼬옥 쥐어 잡고
치솟는 희열에 부르르 떨어댄다
좀 더 깊숙한 오르가즘을 전해주고자

삼백육십오일 순국선열에 대한 묵념 중인
그의 연장으로는 가당치도 않은 일이라서

주춤이는 변신

봄의 향기도
여름의 풍성한 잎새들도
가을의 황금빛 물결도
모두 황량한 대지의 살벌한 기운 아래
사라져 버렸다

겨울로 가는 길목에
산의 나무들이 바람 소리 삼키며
저마다 둘러서 있다

이 또한 극한 작업이라서

여름 한낮의 태양이 작열한다
말라붙은 땅 거죽에
뜨거운 도시가 이글거린다

별은 밤하늘에 반짝이지만
눈 속엔 땅의 열기만 가득 고여 있어서
열대성 이 밤을 부둥켜안고 있기에는

4
연어만도 못한 놈

길에서 길을 묻는다

길을 걷는다
'대륙 발견 528주년 기념'
포스터가 붙어 있는 어느 가게 유리창 앞

길 건너편에는 '528년간의 수치'라는
표어가 붙어 있다

지금 지나는 이 길이 이렇게 첨예하게
상반된 입장이 충돌하는 곳일 줄이야

과연 어느 쪽 길에 붙어 걸어야
훗날 떳떳한 길을 걸었다고 할 수 있을는지
오늘이 궁금해진다

그 밤하늘

의자 위치만 바꿔 앉으면
해지는 광경을 수없이 볼 수 있다는
어린 왕자의 작은 별,
동화 속의 전설 같은
이야기로 다가온다

우리들은 언덕배기에 장승처럼 둘러서서
북극 하늘에 펄럭이는 푸르른 섬광에
숨소리는 실낱같이 하늘로 빨려 들어갔다

그런 순간이 얼마나 지나간 걸까
눈부시던 그 흐름은 멈추고
일순간에 필름이 끊기면
빛은 빛처럼 사라졌다
어둠의 장막은 서둘러 드리워지고

아쉬움의 탄성이 저마다 새어나온다
지금껏 펼쳐지던 환상곡을 되새김질하면서
모두는 자기의 그림자를 이끌고 서서히 내려왔다

극광의 찬란함
경이로움의 연속

소화전의 영광

빨간 오뚝이 몸통
외줄기 폭포 터져 나오는
힘찬 아우성

통로를 탈출한 굵은 물줄기
온갖 것 쓸어내리며
성난 물결 밀물처럼

흐르는 물로 살기 위해
오늘,
강물이 되고 싶다

새봄이 온다

지구의 자전이 280번 되풀이되는 시간의 흐름
그러니까 6천 7백여 시간이 흐른 후에
드디어 모태에게 엄청난 고통을 뿌려주며
이 세상에 안길 봄 처녀

그 이름 뭐라고 지을까
— 별님이?
— 다솜이?
— 가람이는?
— 샛별이도 예쁜데,
— 가인이도 좋아

빙 둘러앉아 한마디씩
둥근 배 쓸어내리며
천정에 두 눈만 깜빡깜빡
빙그레 한마디,
"새봄이 좋은데"
가슴에 온 겨울
오월의 새봄이

낮말은 새가 듣고

딱따구리, 멧새, 박새, 찌르레기,
여러 새들이 몰려와서 부리나케 먹어 치우고는
바람 제치고 쫓기듯 날아가 버린다

— 좀 천천히 아껴서 먹으면 어때서
　그리 급히도 사라지는 걸까
　날아가다 체하면 어쩌려고

나무에 매어놓은 모이통에
저마다 요란한 소리 다투어 반기지만
떠날 때는 소리 없이 사라져 버린다

나리는 그렇게 훌쩍 날아가 버리는 새들이
많이도 섭섭한 거다

아빠가 식사를 빨리 해치우는 모습을 보고
새들이 닮아가는 실습을 하는 중이라고
아, 원망인들 오죽 쌓였을까
이게 다, 아빠 탓이라니
눈가에 굵은 주름 굳게 뭉친다

연어만도 못한 놈

의자를 홱 당겨 앉은 그가 소주잔을 뱅뱅 돌리더니
술병 거머쥐고 혼자서 자유왕래를 한다
무슨 소리냐고?
지가 부어서 지가 처먹는 거
골 깊어진 이마주름 들이밀고
우정어린 설득이다

"코쟁이 나라에서 살더니
이젠 그 땅에서 퍼덕이다 바스라질거냐?
바다 멀리 나가더니 회귀 본능도 사라진겨?"

딱히 꺼내 들 카드가 없어 주춤이는 사이
눈주름 쓸며 말끝을 흐린다
연어도 때를 알고 모천으로 돌아온다는데
동고동락 오랜 세월같이 하던 우리는
멀리 떨어져 있어도 늘 가까운 친구로
남고 싶은 거다
길은 멀어도 마음만은 그렇게,

앞서가며 중얼거리는 그의 몇 마디가
내 앞에 흐트러진다
'연어만도 못한 놈….'

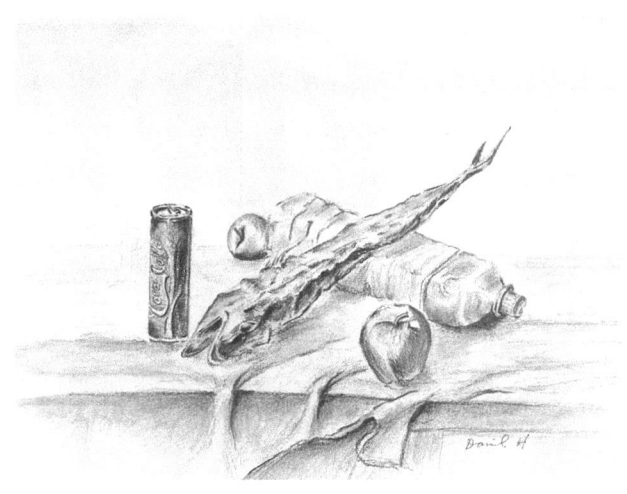

우리에겐 반달 DNA가 있다

저녁 하늘 반달이 걸리면
창백한 별빛이 지표에 푸르르다
윤극영 님의 '반달' DNA 한쪽이 우리 가슴에
푸르게 심어져있어서

젊은 시절 먼저 간 누님의 부음을 전해 듣고
시인은 마루에 걸터앉아 먼 산에 걸린 낮달을
바라보기만
한식경이나 그렇게

그 후
스물한 살 젊은이는 우리에게 반달을
안겨 준 게 올해 96년이 된다

천체 망원경

검은 다리 세 개가 쩍 벌리고선 모습이 거북해 보이고
색깔이 너무 칙칙하다는 둥 오가며 툭툭 쳐대질 않나

거실에 세워 놓은 천체 망원경 꼴이
영 못마땅한 거다
나 없는 사이 학대는 얼마나 심할꼬

"어린 왕자 사는 별을 찾기가 쉽지 않네
여행 다녀와서 찾을까 봐
망원경 넘어지지 않게 조심해"

그날 오후
망원경 그 큰 다리 세 개의 검은 빛이
눈부시도록 반들거렸다
마루 저 밑으로부터 광택의 뿌리가 심어져 있었다
아내의 뉘우친 참회의 흔적이 찬란하게 빛나고 있으니

'여행'의 설렘이 빛으로 나타나고 천덕꾸러기가
상전으로 둔갑했으니 신기한 일이다

아아, 이게 양성 피드백(positive Feedback)인가보다

해바라기 대궁 커가던 한낮

탁구 선수 공에 얼굴 멍든 얘기할 때
내 무릎 테니스공에 파란 멍 생겼을 때
그 힘찬 볼로 학교 선발 뚫었을 때

제 키만 한 라켓 끌고 학교 벽치기 할 때
발꿈치에 또 한 꿈치 훌쩍 큰 키 올려볼 때

노란띠 올려 매고 앞장서 나설 때
코트 안에 좌충우돌 최후의 병기일 때

올가을 윔블던의 백색제전 말할 때
차고 안 땀 절은 라켓 위에 거미줄 춤출 때

힘줄 같은 열정 지속력이 아쉬울 때
쏟아지는 세월, 동화 같은 모래시계

*비비안의 대학 테니스 선수 때

천국과 지옥 사이

혐오가 사랑으로 바뀌는 데는
1초도 걸리지 않는다는데
이 얼마나 다행한 일인가

사랑이 혐오로 바뀌는 데는
살아생전 불가능하다면
아아,
이건 지상낙원이로세

수채화 교실

머리 맞대고 둘러앉아 도란도란
쓱쓱~ 물감 풀어 적신 붓 자국 끝엔
작은 방울들이 옹기종기 모였다 사라지네

선생님이 지나간 혜영이 백자 항아리엔 빛이 투명해지고
샛별이의 기와돌담엔 파릇파릇한 이끼가 돋아나네

혜복이의 비단잉어 아가미엔 맑은 물이 휘감아 돌고
시들했던 분꽃이 달님이의 화단에 피어오르네

선생님의 붓끝은 스커트 자락 털듯
가볍게 톡톡, 한두 번 스쳤을 뿐인데

어제 인디아나주에 강아지 데리러 간 영희는
다음 주에 어떤 그림을 그리려나

촘촘한 은빛 모래 햇살 곱게 퍼지는 수채화 교실에
상구가 그린 양파가 맵다고 창문 열며 까르르

겨울 산 비탈길에

차가운 태양 볕이
산비탈에 부서져 내린다

식어버린 그 열풍은 삭바람이 되어
땅 위를 낮게 맴돌고 있다

늘 푸른 만년초
서로 굽어 얽혀 사는 모퉁이
돌아서면 메마른 갈잎나무
콧잔등 간지럽히는 비탈길에

상큼한 햇살 냄새가
나뭇결 사이로 깊숙이 박히듯
가지마다 잉잉거린다

산은 아직도 잠에서 깨어나지 않은 듯
호수처럼 가라앉아 있고
눈발은 살포시 나뭇가지에 걸려 있다

몰려온 솜 방석 구름이
비탈진 오솔길을 감싸고 있다
따뜻한 햇볕을 불러 모아 앉히려나 보다

돌아오는 길

여기쯤일 게다
그이가 돌아간 길이

파란 하늘 눈감으면
훈훈한 지난날들이
가슴 안으로 스며든다

역광의 쪽빛에 눈이 부셔
햇볕을 털어 내리던 하얀 손마디는
막 튀어 오르는 새우등 마냥
투명하게 팔딱거렸고
그의 유리알처럼 맑은 영혼도
비쳐 나올듯했다

빨간 코 운동화 조여 신고
산들바람에 실려 온 듯
홀연히 나타난 그날은 숨이 막혔다
그건 긴 날을 부풀려온 환상의 마침표

그이가 돌아간 길을 서성이다 보면
맴도는 날들이 샘물처럼 고여 들고
맑은 얼굴 출렁이는 수면 위에
포근한 위안이 꿈처럼 부풀어갔다

전설의 늪지대

웅진성 돌담 위 바람
나뭇잎 타고 내려와
강물에 얹히면
백제의 혼불은 너울로 퍼진다

금강다리 빛 터널이 눈부시면
백제의 후예들이 삼삼오오 모여들어
가락에 흥겨운 달빛 아래 등불 향연

고대 왕국 도읍지를 찾아 돌며
전설 어린 흔적마다 숨소리 엿듣는다

5
영혼의 표정

다시 어둠 속으로

첫 페이지 머리말을 펼치자
갑자기 어둠 속으로
굉음과 마찰음이 빨려들어 온다
두 눈을 껌벅껌벅
쏴아, 굉음을 벗고 환한 햇살 안겨온다
책을 만지작만지작
부스럭부스럭
다시 암흑이다
아니 햇살이 잠깐
숨 한번 몰아쉬니
또 캄캄이다

눈을 뜨고 있을까
눈을 감고 있을까
실내등이 꺼졌다 켜졌다 하기를 66번
한 시간 반이 넘도록

서울에서 속초까지 버스로
터널이 66개라서

나이아가라

네 개의 강이 모여 흘러내리는
만병통치 폭포수

세상 갈증
속쓰림
꽁꽁 맺힌 매듭
그 무엇할 것 없이

쿵, 쿵, 쿵 —
쏴아아 —
시원하게 풀어 내린다

여인의 도시 론다

태양으로 물든
하얀 도시

흰색의 집집마다
빨간 지붕이

화려하게 만발한
장밋빛이다

우리는 잠시 왔다가
떠나지만

또 다른 이방인이
다시 찾아오려니

그 모습 영원한
생명을 가지리

아, 아름다운

여인의 도시

'론다'

춤추는 플라밍고 여인

무대가 미끈 번들거린다
쿵쿵 울려대는 마룻바닥
촘촘히 뿌려진 굵은 땀방울들

손뼉과 구두창을 내려치는 소리가
절도있게 어우러져 어둠을 장식한다

붉은 옷 여인과 턱시도의 남자
서로의 주변을 돌면서 춤을 춘다
남자를 향한 요란한 몸짓
박력과 끈적거림의 연속이다

삶의 막장까지 올라온 모습인 양
땀이 배어 지치고
한이 배어 휘어지고
관중을 향해 하소연하듯
속내를 풀어내는 게슴츠레 감은 눈

섬세한 숨결을 열 마디 손가락에 토해낸다

여인은 가슴을 활처럼 휘어 앞세우고
남자 쪽을 향해 돌진한다

마치 애절한 주문을 외우듯 하면서
혼신의 춤사위는 딱딱한 바위도
물렁물렁하게 누그러뜨릴 듯이

강한 화염 같은 태양의 열기
스페인 안달루시아
어느 어두운 극장 안에

스카보로 장에 가세요

뉴잉글랜드 뉴 헤이븐
초록 벌판에 펼쳐진
평화로운 나들이

여인네 바구니엔
야채, 과일, 꽃송이
흘러내리고
웅성거리는 장터 하늘엔
추억의 향 피어오른다

사이먼 앤 가펑클의 노래가
출렁거리고
발걸음 사이 사이엔
파슬리, 세이지, 로즈마리가 쌓인다

누군가 바늘 이음새 없는 옷을 입고
어디에선 은빛 눈물로 무덤을 씻기도 하는

해그림자 길어지면 빨간 굴뚝 위로

하얀 목화 연기 피워 올리는 마을
오래전 한때의 내 사랑이 살았던
스카보로 장터에

고인돌 세운 돌 눕힌 들

롱아일랜드
셸터록(shelter Rock) 쉼터에는
알곤퀸*의 영혼이 숨 쉰다

고단함 멈춘 방랑자 숨결,
어깨 추슬러 길 떠나면
다른 발길이 찾아들어 숨 고르던
롱아일랜드의 셸터록

숨소리 불어 새기는 마디 손에
별과 달빛의 영혼을 쓸어모아 빗어낸
고인돌
세운 돌
눕힌 돌

*롱아일랜드에 살던 원주민

영혼의 표정

*프라도 미술관에 펼쳐진 인물화의 표정들,
세비아 대성당 천장화의 화려한 아름다운 색상
수많은 천사와 인물들이 거대한 공간을 채우고,
대제단에 걸려 있는 인물화 앞에선
순간 서로 눈이 마주친다

그 얼굴에 살아 생생한 눈동자와 시선
눈빛과 초점
그 눈매를 고요히 바라보고 있노라면
저기 저 눈 안에 나의 모습이 비쳐 보이고
푸른색 감도는 흰색 잔영의 눈엔 빛이 고여 있다

아, 영혼의 표정까지 그려내는
환쟁이의 눈빛은 대체 어떤 걸까
그 오묘하고 신비로운

*프라도 미술관
스페인 마드리드에 있는 세계 3대 미술관

태양의 도시

태양의 도시 마드리드
그 옛날 화려했던 퇴색한 광장은
문명의 흐름이 정지된 듯 아득하게 누워 있고
산천은 여전 질기고 푸르르다

태양은 가쁜 숨 몰아내지만
역사의 말발굽 소리 고요하다
옛 궁전에 쏟아지는 햇빛
마치 신기루 모습이구나

영화롭던 붉은 벽엔
고집스런 주름 피어오르고
드문드문 남은 성곽의 흔적은
탁류에 밀려 온듯하다

지중해의 한복판 뜨거운 태양과
푸른 하늘이 만든 도시
기울어진 옛 장터 끝자락에는
비쩍 마른 말을 탄 돈키호테 동상이 서 있다

웃음 띤 산초 판사의 정겨운 모습도 보인다

태양의 도시 마드리드
사라진 발자욱들이 어느 골목의 닫힌 문을
밀어제치고 자욱한 먼지 속에
다가올 듯하다

헤밍웨이와 누에보 다리

다리 절벽 200미터 밑 능선에 펼쳐진 작은 마을
남해의 다랭이 마을과 비슷한 곱상하고 정겨운 모습
이 아름다운 풍광에 매료되어 당대의 피카소와
자주 만났다는 이곳 론다
그는 론다는 연인과 로맨틱한 시간을 보내기에
가장 좋은 곳이라고 극찬을 하기도 했다.
여기에서 말년을 보내며 "누구를 위하여 종은 울리나"
소설의 배경이 되기도 한 론다

누에보 다리를 건널 때는 연인에게 반드시 선언 해야 할
말이 있다고 했다던가.
"이 세상에서 너 하나만 있어서 널 사랑한 게 아니라
사랑하다 보니 이 세상엔 너 하나뿐인 걸 알았노라고!"
'누구를 위하여 종은 울리나'
영화에 나오는 한마디!
그가 즐겨 찾았던 다리와 절벽 위 오솔길에는
'헤밍웨이 산책길' 팻말이 바람 따라 흔들리고 있다

DMZ 전시장에는

그곳은 녹창지대(綠窓地帶)라서
녹이 되어, 녹이 스며든다
철조망 둘둘 녹아들고
지뢰 모양도
반쪽 철모도
가죽도 녹이 되어
빗물 거품 말라 멈춘
바람의 흔적만

DMZ 전시장에는

JFK공항에서의 따발총 형님

그는 차 뒷문을 힘차게 당겨 닫고 좌석에 몸을 구겨 던지듯 앉더니,
긴 숨 한번 시원하게 내쉬었다. 운전석의 친구 얼굴을 백미러에서 찾아내며 입을 연다.

"야아, 박군아"
이렇게 왁자지껄 바글바글거리는 인간들 틈바구니에서 한눈에 척 알아보고, 쏙 건져 뒷자리에 담아 올리는 재미도 여간 쏠쏠한 게 아닐 거다. 그렇지? 만사 제쳐 두고, 눈썹 휘날리며 달려와서 나를 이렇게 건져 챙겨주니 네 충성심이 찬란스럽다야. 하기야 이 공항이, 아마 사십 년이 넘게끔 이판저판 공사판의 연속이니 올 때마다 뒤죽박죽 난리 블루스라. 너도 매번 공항에 나오는 게 쉽지는 않았을 거다. 오늘도 맨해튼에서 달려온 거냐? 그나마 이 시간에 거미줄 같고 벌집처럼 총총한 맨해튼까지는 안 가게 되니 다행이구나. 내가 올 때마다 오늘처럼 매번 마중 나와주니, 너는 상 줘야 할 놈이다.
뉴욕 생활이 얼마나 팽팽하게 돌아가는지, 내 잘 알지. 그렇다고 긴장의 끈을 깜빡 놓고 지내다 보면 하루가 헐렁

하게 후딱 새어나가 버리고…

그러면서 그는 하얀 구두창을 바닥에 툭툭 쳐댔다.

"암튼, 치열하게 추구할 대상이 없으면 열정도 금세 식어 버리니 사는 게 다 그렇더라. 명심해라, 수컷은 항상 발기한 상태로 살아야 매사에
자신감이 팍팍 생기는 거다, 덕팔이 녀석은 잘 지내고? 그놈은 기집을 너무 쫓아다녀서 탈이거든. 등판력이 워낙 뛰어난 놈이라서…… 후우~ 그 녀석은….”

실탄이 다 떨어진 걸까?
후우~ 하는 소리와 함께 갑자기 조용해졌다.

14시간의 긴 비행기 여행, 누구나 피로에 지칠 수밖에…. 그의 눈은, 두툼게 내리감기고 입술과 입언저리를 정리하는 듯 만지작거리는가 싶더니 스르르 비스듬히 스러져 갔다. 커다란 고무풍선 하나가 바람이 빠지며 아래로 스며들듯이,

어두운 뒷좌석 아래, 그의 하얀 구두는 안개꽃 다발만큼 희뿌연 하게 빛을 발했다.

혼자 공항에 가는 게 심심했던지 이 친구가 '따발총 형님' 마중 가자고
해서 따라왔던 터였다.
말투가 좀 거칠고 억양이 투박스러울 뿐이지 가슴은 부처님 가운데 토막 비슷한 사람이라면서….
IMF 때 젊은 노숙자들을 데려다 그가 운영하는 무슨 기술학원에서 숙식도
해결해 주고 가르친 사람들 중 지금은 이곳에도 몇 명이 잘 살아가고 있다던가.

몇 년 후 그 학원은 속 빈 강정이 되고, 그도 빈털터리가 되어 지금은 공주로 귀농한 어느 은퇴 교수의 밤농장 일을 돕고 있다고 했다.
그가 좀 더 계산적이고 현실적으로 살았더라면 그런 막바지에 처하지는 않았을 거라고 안쓰러워하는 이 친구도, 그때 노숙자로 지낼 때 어찌어찌하여 지금 뒷좌석 형님의

은총을 받게 된 것을 최근에야 알게 되었다.
힘들어도 밝게 살겠다고, 그때부터 하얀 구두를 신고 다니는 것은 그 마음을 다지기 위해서이고, 친구들이 '약수동 빽구두' 조폭 형님이라고 불러댔다.
'차카게' 사시는 그분은, 차 안 가득히 따발총 탄피를 채워 놓으시고 더 이상 피로하지 않은 꿈나라 여행 중이시다. 새삼 돌아본 하얀색 구두, 전에는 한 번도 느끼지 못한 고상한 아름다운 빛깔의 광채가 퍼져 나와 하얀 안개꽃 다발이 부풀어 나가고 있다.

저녁의 졸린 가로등 불빛 저만치에 경찰차와 소방차는 붉고 파란 불을 번갈아
주고받으며 구겨진 사고 차량 뒤쪽에 붙어 있다.
지루하게도, 빼꼼하게 뚫려나간 좁아진 일차선 도로를 겨우 벗어나
이제 상 줘야 할 놈은 JFK공항을 서서히 빠져나갔다.

영국령 지브롤터 해협

인구 2500의 소도시
미녀가 많아 남자들 헛물을 켤망정 눈동자만 부산스럽고
대륙의 시작인 모로코 카사블랑카에서 지브롤터 해협을 건너
대륙으로 진출하는 꿈만 꾸어대는 곳

입국 출입문을 통과하니 관광객을 기다리는 2층 빨강 버스가
더 반갑다 왜냐고?
내 이름 이니셜 'HMS' 세 글자가 선명하게 표시되어 있어서

— 아프리카와 유럽을 가로지르는 해협
— 지중해와 대서양의 물이 만나 얼싸안고 엉키는 곳
— 항공기는 차 신호등에 따르고
— 유럽 최고의 군사적 요충지
— 영국에서 가장 안전한 지역
— 스페인 땅이면서 영국령으로 있기를 바라는 스페인 주민들

이래저래 특이한 작은 섬

영국의 정부 기관에 속한 모든 물자 자산 장비에는 'HMS'가
새겨져 있다
특히 국방 장비에는 휘장이나 국기를 대신하여 기수에 부착되어 있다
군함 전투기 탱크에서 개인소유 병기에 이르기까지
마침 막 도착하여 윙윙거리는 작은 항공기의 앞부분에도 예의 그
'HMS' 세 글자가 눈부시도록 희게 빛난다

Her
Majesty
Service
여왕 폐하에게 충성을!

이 얼마나 멋진 단결구호인가
해가 지지 않는 나라 군주의 영광과 품격을 생각한다

거룩한 통로

어느 궁전보다 화려해 보이는
가우디의 패밀리아 성당
수천 조각 유리창 안으로 살아 넘치는
황홀하고 신비한 빛줄기의 물결

세월을 움켜쥐고 높고도 웅장한
제단을 137년째나 하늘 가까이 올리고 있다
영속을 위한 인간의 욕구와 맞닿아 있어서
그런 건 아닐까.
성당은 신에게로 가는 직통 노선이라는데

오늘은,
둘러보며 감탄하는 정말 희한하게 생긴
심각한 건축물 볼거리라서
그 축조물에는 어느 장막도 고요도 없다

6
침묵은 금이다

황소 대가리와 황토 울타리

강과 언덕이 전부였던 고향 집에
어느 날 아침 철판 같은 검은 도로가 강 언덕을 밀고 내려와
집과 울타리 사이를 비집고 들이닥쳐 심술 한 번 부리고
그 꼬리는 산 아래로 숨어들었다

나즈막 황토 울타리를 뒤쪽으로 밀어붙이고
아니, 달려드는 황소 대가리 도로의 기세에 놀라
겁탈을 피해 뒷걸음쳐 급히 피한 모습이다
어색해진 집과 울타리 사이엔 낯선 바람만 가득 몰려다닌다

포근하고 훈훈한 바람 사라진 퇴색된 그 자리
부서져 내린 그곳에 강한 햇살을 옮겨놓고 싶다

냇가에서

앞에 선 어머니
왼발 톡톡 돌잠 깨우듯
냇물을 건너신다

솔바람에도 마른 풀잎처럼
가볍게 흔들리는 어머니
징검다리에서는 기우뚱
주춤이는 긴 허리

괜찮을까
정말 괜찮을까

빠른 물살은 흠칫 치맛자락
휘감아 훔쳐본 듯 얼굴이 붉어져
회오리 물속으로 단번에 곤두박질이다
흰 거품 꼬리 뱅그르르 남기고

올가미 같은 돌쩌귀 함정마다
아차, 건너뛰는 발꿈치

은가루 날리며 발목이 창백하다

돌마다 물방울 퍼지고 마르면서
그 흔적이 신비로운 문양들로 변하여
영혼 문신처럼 곳곳에 아픔을 새겨 넣는다

마치 전설 속으로 걸어가시는 듯한
어머니
우리들의 땅이신 어머니

저만치 앞을 보면
나뭇잎 스쳐 간 옷깃 바람결
눈가에 일렁인다

어머니의 감자 캐기

오뉴월 쨍쨍
여름 한나절
고깔 수건 머리에 얹고
푸석이는 밭고랑에
오금이 저려 오신다

옹골지게 움켜쥔 호밋자루
메마른 북어포 손등
툭, 툭, 엉겅퀴 힘줄 퍼렇게 튀어 오른다

온종일 불볕에 다루어지는 등허리
긴 숨 한번 토해내면
태양에 그을린 입술
바스락 부서지는 소리라도 들릴 것 같다

밧줄 같은 넝쿨 아래
주먹만 한 알알이 커가는 소리
밭두렁 나날이 갈라져 터진다

푸른 줄기 꼬옥 잡고 들어 올리면
탱글탱글 춤을 추며 가슴에 튀어 오른다

담장 넘어 그 창문에는

겸손한 품격의 한옥마을이 돌담장 두르고
샛길을 내어주며 한 발치 물러서 있다

감청색 띠를 두른 담벼락 터에
도자기 공예품을 옮기며 멍석 펴기에 바쁜 아침,
오늘도 함성 한번 피워올릴 흥겨운 날인가 보다

담장 너머 노오란 커튼 접어 올린 창문 방은
긴 머리 소녀일까
고운 눈썹 여인일까
전통 한옥마을의 변주곡은
전혀 단조롭지 않다

저 산 위에 어둠이 내려오면
지붕은 소박하게 낮아지고
달항아리 어루만지는 가지나무 손
희푸른 밤이면
가야금 가락이 등줄기 타고 내리는
은은한 여운이 있으려니
여기, 내 마음의 쉼표 오래 머물러라

누렁이 발톱

집 모퉁이 담벼락에 세워 놓은 듯
성냥갑 집을 꽉 채우고 앉아서
누렁이는 도를 닦는 중이다

거칠고 투박스런 발톱 사이로
분주히 다투어 기어드는
왼발엔 땅강아지,
오른발엔 왕개미 행렬
머리 위엔 밤톨만 한 노란 왕벌이
윙윙거리며 털 속으로 숨어든다

코는 벌름거리고 입은 씰룩이며
편안히 눈을 내리깔고 미동도 하지 않는 순둥이
이런 간지럼 따위 참지 못하면
애들이 친구 안 한다고 떠날지도 몰라

오늘도 애써 친구들을 가꾸는 착한 누렁이
누런 등짝에 떨어진 햇살도 덩달아 살 속으로 파고든다

행복 바이러스

오월 한낮의 오후
금싸라기 햇살이 빼곡하게 쏟아져
등 안으로 스며드는 따사로움이
가슴을 숙성시키는 것일까
지금껏 움켜쥐고 있던 그 어떤 것들이
스르르 풀리는 느낌이다

이른 아침 앞산 허리에 감아 돌던
물안개의 흐름은 늘보 하품 자국
벌판 멀리 덜컹대며 사라지는
화물 열차의 꼬리는 감기를 달고
콜록이는 모습이다

이렇게 햇살이 영글어 내리쪼이는 날이면
남쪽 지방으로 이사 간 키다리의 판박이
동네 예찬론을 다시 듣고 싶어진다

안부를 물으면 노래 음절 읊어대듯
귓가에 맴도는 그의 넋두리

도란도란 그 목소리는 하얀 화폭을
물들이는 풍경화가 된다

사시사철 꽃 피고 나뭇잎은 푸르르
새들은 오락가락 꾀꼬리 쌍쌍
웃음이 끝없는 남쪽이라네

검은 떡국

아내가 떡국을 끓였다
검은 떡국을
매생이를 넣었다지
국물이 거무죽죽하네
미역을 조금 넣었다던가
그래서 더 짙은 검정색으로
김도 부수어 넣었다고?
그랬더니 아주, 까만색이 되었다네
검정색 깊게 빛나는 무거운 색으로

맛은 어떨까
이렇게 검은 떡국은,
어둠 속 검푸른 파도 출렁이며
천천히 건져 올린 떡국,
구름 속 밝은 달이 비쳐 나오듯
하얗게 떠오르네,
매끈한 흰빛 윤기 시나브로 미끄러져 내리며
다시 어둠 속으로 숨바꼭질
국물만 검고

까맣게
진하게 변했을 뿐인데
그래도 검은 떡국이라 해야되나

첫사랑

첫눈의 설렘
첫 만남의 시선
첫 키스의 황홀함
첫날밤 숨결은 어떻고

이렇게 '첫' 자가 붙기만 해도 마음이 셀렌다
사실 특별한 이 느낌의 순간보다 더 좋은 시간을 다시는
갖지 못할 것이다
이제껏 달콤한 풋사과 냄새 피워 올리던
가슴속 작은 불씨 하나는
기억의 밀도가 흐려 엷게 사라지고
떨림 없는 무딘 감각에 익숙해진 오늘
그 아름다운 날은 허공의 신기루일뿐인가

첫사랑
얼마나 서툴고 복잡 미묘한 감정이 지배하는
시간이었을까
그 예나 지금이나 변함없이
머무르고 싶은 순간인가보다

괴테의 〈첫사랑〉의 일갈도 흐르는 한탄과
슬퍼 뇌리를 흔드는 종장의 절규이듯

첫사랑
아~, 누가 그 아름다운 날을 가져다줄 것이냐
저 첫사랑의 날을
아~, 누가 그 아름다운 때를 돌려줄 것이냐
저 사랑스러운 때를
쓸쓸히 나는 이 상처를 애써 기르고 있다
끊임없이 새로워지는 한탄과 더불어
잃어버린 행복을 슬퍼한다.
아~, 누가 그 아름다운 날을 가져다줄 것이냐!
그 즐거운 때를

김 장로와 다람쥐

초록잎 하늘 틈새 가리우고
새콤한 알알이 숨어 영그는 땡볕 그늘

넝쿨 속 겁에 질린 까만 별 작은 눈빛
날개 모아 여차하고 날을 자세다

일상을 뒤집어대는 심술 패거리 다람쥐
요란스레 떨쳐 흔드는 완강한 두 앞발

탱글탱글 터져 구르는 포도 알맹이들
그 행패에 눈 마주치지 않는 무관심한 배려
장로님은 오늘도 자비를 베푸는 중이시다

*이웃에 김광우 장로님은 틈틈이 빵을 구워 여러 사람에게 나누어 주지만 '광우병'과는 전혀 관계가 없으시다.

침묵은 금이다

송이가 요가 매트를 메고 집을 나선다
― 이렇게 좋은 날 밖에서 운동이나 하지?
― 요가 몰라서 하는 소리야
― 알아! 호흡 운동, 척추 운동, 관절 운동, 반대 운동,
　또 뭐더라
― 운동하면서 선도하는데
― 맞아! 좌선, 입선, 와선, 그리고…
― 그렇게 잘 알면서 요가 하러 가지 않고?
― 산에나 가려고
― 산에는 뭐하러
― 동선, 움직이면서 선을 하려고
그리고 그의 표정을 살펴본다
속사포 수다쟁이가 입 다물고
하늘을 올려보며 눈을 다짐한다

낯선 듯 맑은 눈에 힘이 고여 빛난다
면전에 응수하지 않는 그는 이제 침묵의 언어 속사포요
내공이 단단한 고수 수다쟁이 요기가 되었나 보다

요가(yoga)에 몸을 다져 가더니
핫요가(Hot yoga)로 마음을 빗어 내리고
더핫요가(The hot yoga) 열기로
요기의 경지에 이르렀나 보다

천왕봉에서

저 산밑으로 잿빛 구름 몰려다닐 때
봉우리엔 일진광풍이 몰아친다

너도나도 모르면서
한 덩이로 뭉치면서
나뒹굴듯 쓰러졌다

사납게 뺨도 후려친다
머리 위 비구름 어디쯤 쏟아부을까
집요하게 탐색 중이다

통천문 백무동 돌길을 굴러서 내려갈까
배낭끈 조여 매며 으실으실 움츠린다
사납던 그 바람 등 뒤에 붙어주면
내리막 길쯤 굴러갈 텐데

땅끝마을 지나서

땅끝마을 지나
수평선 너머 거대한 폭포가
다른 세상으로 떨어진다고 믿었던 옛날
그곳에 가면 죽을 거로 생각한 사람
그 너머 유토피아가 있을 거라 믿던 사람

전자냐
후자냐
나는 어느 줄에 설까

평론

서정적 감상화(感傷化)를 위한 스케치

감성적 시선에 포착된 일상의 오브제, 그리고 언어적 형상화

강 정 실

문학평론가. 한국문인협회 미주지회 회장

1. 들어가기

시 쓰기의 모태는 자연이다. 스케치북에 자연을 데생하고 그 자리에 새로운 시를 창작한다는 것은 결코 쉬운 일이 아니다. 사과가 가지에서 떨어지는 것이 뉴턴(Newton)의 만유인력 법칙을 시인은 '날개 없이 떨어져 있는 사과를 연필로 나뭇가지에 올려 그려놓고, 나 또한 새처럼 앉아있을까?'라며 미세한 세계에까지 포커스를 맞춰 상상해 보는 것이다. 이렇게 무한한 현상계 속에 있는 본체적인 것을 심안에 비추어 바라보는 것이 시의 본질이다.

화자는 충남 서산 태생이며, 미 해군 태평양 사령부 7함대 한국 고문단 연락 장교실에 근무하다가 잠수함 운용술 연수 교육 차 1979년도 뉴욕으로 도미한다. 이후 뉴욕에서 가정을 이루고 생활전선에서 운전학교와 카페를 운영하면서 2015년부터 짬짬이 시문학회에 참석하며 글을 쓴다.

  화자는 2018년 말 생활전선에서 은퇴한다. 이후 건강을 위해 자전거 타기와 달리기를 소화하며 가끔 흑연필과 스케치북을 들고 자연을 찾기도 하며, 본격적으로 시작(詩作)에 몰두한다. 그 결과 2019년 가을, 문예종합지《자유문학》(통권 제113호)에 추천 완료한 늦깎이 시인이 되었고, 그동안 창작했었던 여러 시와 스케치한 것을 모으고 추려 제1시집《영혼의 표정》을 발간하게 된다.

2. 창작의 유형

  차가운 태양 볕이
  산비탈에 부서져 내린다

  식어버린 그 열풍은 삭바람이 되어
  땅 위를 낮게 맴돌고 있다

  늘 푸른 만년초
  서로 굽어 얽혀 사는 모퉁이
  돌아서면 메마른 갈잎나무
  콧잔등 간지럽히는 비탈길에

  상큼한 햇살 냄새가

나뭇결 사이로 깊숙이 박히듯
가지마다 잉잉거린다

산은 아직도 잠에서 깨어나지 않은 듯
호수처럼 가라앉아 있고
눈발은 살포시 나뭇가지에 걸려 있다

몰려온 솜 방석 구름이
비탈진 오솔길을 감싸고 있다
따뜻한 햇볕을 불러 모아 앉히려나 보다
- 〈겨울 산 비탈길에〉 전문

오후 바다의 은물결은
유월의 햇살만큼이나 빛났다
모래 위에 피어오르는 빛 조각은
시울이 아리도록
해평선이 눈 안에 출렁인다

아주 가끔
뱃길도 포구도 없는 이 마을 쪽을
빙 돌아가는 크고 작은 배들
그래서 그런가 보다
흙냄새 그리울 땐…

해 저문 바닷가
실타래 풀려나간 듯 이어진
물새 발자욱 따라 사각사각
어둠을 밟아 간다

살랑거리던 실바람이
세차게 발목을 휘감아 돌면
이쯤에서 돌아가라는
석양의 전령일 게다

빛 고운 노을은
그리움과 아쉬움을
물들이고 사라지는
고요한 환호성이다

— 〈노을〉 전문

 화자에게 겨울 산 비탈길을 걷는 것은 외부로부터의 철저한 단절이요, 차단이다. 온전한 휴지기에 대한 깨달음이 아닐까 싶다. 도시에서의 출렁거림보다는 휴지기를 맞아 숨 고르는 겨울 산처럼 가쁘지 않은 호흡으로, 겨울 산의 눈 덮인 나뭇가지를 보기도 하고, 유월의 시울이 아리도록 해평선이 눈 안에 출렁이는 포구의 어둠을 밟아 가며 세월을 무시한 채 뛰며 턱없이 가쁜 숨을 뛰었음을 느끼게 된다. 화자가 말하는 석양이 질 때 빛의 고운 노을은 그리움과 아쉬움을 물들이고 고요하게 사라지는 것은 자연뿐만 아니라, 우리의 삶 또한 고운 빛이 될 수 있으면 좋겠다는 생각을 한다.
　이는 전통적 서정적 표현으로 화자가 원하는 것은 남은 세월을 가늠하면서 삶의 철학을 마음의 물결에 잠재우려는 것이다. 또한, 몸과 마음의 상관관계에 대한 통찰, 통상의 관념으로 보면 육체와 정신의 균형, 균일일 것이기도 하다. 릴케(Rainer Maria Rilke)는 가슴 한복판에 있는 심실(心室)에서 가장 편하게 꺼낼 수 있는 것이 고향의 향수라고 했는데, 화자는 자연을 대상으로 하는 서정적인 것을 여러 형태로 데생하고 있다.

　앞에 선 어머니
　왼발 톡톡 돌잠 깨우듯
　냇물을 건너신다

　솔바람에도 마른 풀잎처럼
　가볍게 흔들리는 어머니
　징검다리에서는 기우뚱
　주춤이는 긴 허리

　괜찮을까
　정말 괜찮을까

빠른 물살은 흠칫 치맛자락
휘감아 훔쳐본 듯 얼굴이 붉어져
회오리 물속으로 단번에 곤두박질이다
흰 거품 꼬리 뱅그르르 남기고

올가미 같은 돌쩌귀 함정마다
아차, 건너뛰는 발꿈치
은가루 날리며 발목이 창백하다

돌마다 물방울 퍼지고 마르면서
그 흔적이 신비로운 문양들로 변하여
영혼 문신처럼 곳곳에 아픔을 새겨 넣는다

마치 전설 속으로 걸어가시는 듯한
어머니
우리들의 땅이신 어머니

저만치 앞을 보면
나뭇잎 스쳐 간 옷깃 바람결
눈가에 일렁인다

– 〈냇가에서〉 전문

오뉴월 쨍쨍
여름 한나절

고깔 수건 머리에 얹고
푸석이는 밭고랑에
오금이 저려 오신다

옹골지게 움켜쥔 호밋자루
메마른 북어포 손등
툭, 툭, 엉겅퀴 힘줄 퍼렇게 튀어 오른다

온종일 불볕에 다루어지는 등허리
긴 숨 한번 토해내면
태양에 그을린 입술
바스락 부서지는 소리라도 들릴 것 같다

밧줄 같은 넝쿨 아래
주먹만 한 알알이 커가는 소리
밭두렁 나날이 갈라져 터진다

푸른 줄기 꼬옥 잡고 들어 올리면
탱글탱글 춤을 추며 가슴에 튀어 오른다
　　　　　　　　　　　－〈어머니의 감자 캐기〉 전문

화자는 빠른 물살에 쉽게 흔들리는 냇가 징검다리에서 어머니가 기우뚱거리지 않고 잘 건널 수 있는가를 보면서 마음 졸이며 "괜찮을까, 정말 괜찮을까"라고 염려하는 마음, 오뉴월 하늘 쨍쨍한 여름에도 메마른 북어포 같이 마른 손목으로 밭고랑에서 감자 캐는 어머니의 모습이 한눈에 들어온다.

우리는 무엇 때문에 시를 쓰는가? 이는 참으로 어리석은 질문이다. 하이데거(Martin Heidegger)는 사물을 바라보는 그 형상이 바로 '형상화된 실존적 질료'라고 했다. 그렇다. '실존'을 '현존재'의 '존재 자체'로서 이야기한다. 그는 결코 '실존'이라는 것을 현존재가 가지고 있는 특정한 '속성'이라 말하지 않는다. 화자가 말하는 내 나이 어린 고향에서 어머니의 형상과 삶은 미학이론에서 보면 시의 소재와 형식의 결합이다. 여기에서 인간에 의해 제작되는 도구를 제시하며, 작품에는 어머니가 농촌으로 시집와서 아이를 낳고 가족으로 함께 살아가는 가난을 숙명적인 삶의 진리가 숨겨져 있는 시적 정서가 정제된 모습이 표출되었다. 이른바 비의(悲意)의 색채적 이미지를 찾아 형상화한 현학적인 그림 그리기다.

프라도 미술관에 펼쳐진 인물화의 표정들,
세비아 대성당 천장화의 화려한 아름다운 색상
수많은 천사와 인물들이 거대한 공간을 채우고,
대제단에 걸려 있는 인물화 앞에선
순간 서로 눈이 마주친다

그 얼굴에 살아 생생한 눈동자와 시선

눈빛과 초점
그 눈매를 고요히 바라보고 있노라면
저기 저 눈 안에 나의 모습이 비쳐 보이고
푸른색 감도는 흰색 잔영의 눈엔 빛이 고여 있다

아, 영혼의 표정까지 그려내는
환쟁이의 눈빛은 대체 어떤 걸까
그 오묘하고 신비로운

　　　　　　　　　　　　　　　－〈영혼의 표정〉 전문

다리 절벽 200미터 밑 능선에 펼쳐진 작은 마을
남해의 다랭이 마을과 비슷한 곱상하고 정겨운 모습
이 아름다운 풍광에 매료되어 당대의 피카소와
자주 만났다는 이곳 론다
그는 론다는 연인과 로맨틱한 시간을 보내기에
가장 좋은 곳이라고 극찬을 하기도 했다.
여기에서 말년을 보내며 "누구를 위하여 종은 울리나"
소설의 배경이 되기도 한 론다

누에보 다리를 건널 때는 연인에게 반드시 선언해야 할
말이 있다고 했다던가,
"이 세상에서 너 하나만 있어서 널 사랑한 게 아니라
사랑하다 보니 이 세상엔 너 하나뿐인 걸 알았노라고!"
'누구를 위하여 종은 울리나'

영화에 나오는 한마디!
그가 즐겨 찾았던 다리와 절벽 위 오솔길에는
'헤밍웨이 산책길' 팻말이 바람 따라 흔들리고 있다
— 〈헤밍웨이와 누에보 다리〉 전문

2019년 여름 화자는 스페인, 포르투갈, 아이슬란드를 관광하게 된다. 바쁜 일정 속에서 프라도 미술관에 들러 여러 인물의 표정을 감상하다가 세비야 대성당 천장화의 화려한 아름다운 색상을 보게 된다. 대제단에 걸려 있는 인물화 앞에서 눈이 한곳에 멈춘다.

수많은 천사와 인물들이 거대한 공간을 채우고/
대제단에 걸려 있는 인물화 앞에선/
순간 서로 눈이 마주친다./

그 그림 속에는, 화자의 자아가 보이고 아름다운 것 같아도 슬픔이 깃들어 있는 푸른색 속에서 생에 대한 아픔의 흰색 잔영이 고여 있는 것을 보게 된다. 순간 고독해진다. 곧 인간의 사랑과 생명 공경이라는 등식을 통해 절대자와의 사랑으로 회복할 수 없다는 죽음과도 같은 애련(哀憐)의 희망일 것이다.

다시 소설가 어네스트 헤밍웨이(1899~1961)가 아름다운 도시 론다를 찾는다. 주변의 풍광과 붉고 높은 누에보 다리를 보며 "누구를 위하여 종은 울리나"를 창작했다는 문학적 감정을 느끼며 화자는 그 중 스페인 마드리드 광장을 떠올린다. 그리곤 〈헤밍웨이와 누에보 다리〉라는 애탄적 시를 쓰고 있다. 예나 지금이나 팔짱 낀 채, 문화 예술에 대해 답보적이거나 고답적인 태도를 가지고 있는 군자연(君子然)으로 있는 자신을, 프로와 아마추어의 구분에서 좀 더 독자가 외면한다 해도 시적인 분야에 일가(一家)를 이루리라는 각오를 하게 된다.

   의자 위치만 바꿔 앉으면
   해지는 광경을 수없이 볼 수 있다는
   어린 왕자의 작은 별,
   동화 속의 전설 같은
   이야기로 다가온다

   우리들은 언덕배기에 장승처럼 둘러서서
   북극 하늘에 펄럭이는 푸르른 섬광에
   숨소리는 실낱같이 하늘로 빨려 들어갔다

   그런 순간이 얼마나 지나간 걸까
   눈부시던 그 흐름은 멈추고
   일순간에 필름이 끊기면
   빛은 빛처럼 사라졌다
   어둠의 장막은 서둘러 드리워지고

아쉬움의 탄성이 저마다 새어나온다
지금껏 펼쳐지던 환상곡을 되새김질하면서
모두는 자기의 그림자를 이끌고 서서히 내려왔다
극광의 찬란함
경이로움의 연속

― 〈그 밤하늘〉 전문

아이슬란드 어느 북부 도시에서 오로라를 보게 된다. 오로라는 초고층 대기 중에 발광(發光)현상인데, 극지방을 찾아 노랑, 연두, 분홍색 등의 색채가 바람에 흐르는 오로라를 보게 된다. 밤하늘을 자유롭게 이동하는 빛의 흐름은 생텍쥐페리(Antoine de Saint-Exupéry)가 느끼는 동화 속으로 우리의 생명과 영혼의 정신으로까지 유추하게 된다. 이를 바라보는 화자는 다양한 관점에서 시적 연구의 대상이 되고 새로운 시어(詩語)에 의해 사물과 추상적 존재의 움직임을 구체적으로 상상하며 붓을 든다.

'검푸른 파도 삼킬 듯 사나워도
나는 언제나 바다에 사나이'

파고가 높은 날은 악을 써대며 밧줄을 당긴다
거친 파도가 유능한 사공을 만든다 해도 피곤하고 힘겨운 거다

남영 50호, 남영 50호, 본함 우현에 다가오시오!
수면 위를 타고 뻗어나간 우렁찬 명령에
그 어선이 서서히 다가와 밧줄을 던진 것이다
고기잡이배를 불러 세우는 것은 대개 두 가지 이유다
하나는 제한 구역을 벗어났을 때
다른 하나는 군함의 장병 부식이 필요할 때
그러나 간혹 생선을 받고 금액을 제대로 지불하지 않은 때도 있었으리라

갑판에 쌓이는 생선 궤짝에는 싱싱한 은빛 광채가 출렁거린다
— 생선값은 다 줘야겠지? —
— 당연하지, 바다에 방패로써. 그렇지 않으면 바다에 깡패, 아니, 해적의 후예가 될 테니까 —

얼마 후 작업이 끝나고 어부들이 밧줄을 잡아당기며 손을 흔들어 보인다
둥글둥글 힘이 뭉친 어깨들, 표정이 밝다
생선값이 문제가 되진 않았나 보다

〈바다에 살고 지고(1)〉

파란 하늘 솜사탕 흰 구름이 반갑게 다가올 때 배의 물결은 흰 구름을 일순간에 일그러뜨린다 거센 파도가 쿵쿵 부딪는 바윗덩이 마냥 들이친다

조금 전까지 갑판 위 배구 경기의 드높던 함성은 수면 아래로 스며들고, 배 안은 폭풍 전야인 듯 조용하다 그도 잠시, 종소리 네 번 깨질 듯 울리고
— 외부 침입자 격퇴요원, 후갑판에 집합! —
격앙된 소리 고막을 파고 든다 이제 긴장감이 돌고 갑판을 내딛는 말발굽 소리, 우르르 튀어나오는 장병들, 현장에 도착한 모두는 움찔, 당황스럽다. 긴부리돌고래 두 마리가 갑판 위에 튀어 오르며 생난리다
— 밀어버려!, 밀어버려! —
큰소리 외쳐대기만 할 뿐, 무엇으로 어떻게 밀어내야 할지….
그래 봐야 청소도구 정도인데 다리를 움찔거리던 박 수병이 재빨리 배구 코트 기둥을 뽑아 들자 바로 이거다 싶게 몰려들어 밀어내기 시작한다 엎치락뒤치락 와중에 고래는 타의 반 자의 반 물속으로 뛰어들었다 대열을 이탈한 돌고래가 이렇게 후끈 달게 해놓고 냉큼 사라진 거다

— 뜨거운 갑판에 계란 후라이보다 돌고래 후라이가 훨씬 좋은데… —
박 수병이 입맛을 다시며 아쉬워한다
슬며시 주저앉는 그의 발목을 잡으니 좀 불편한 기색이다
피식 웃으며 왼발 바지를 무릎 위까지 걷어 올리는데

정강이 한복판이 움푹 함몰된 거무스레한 자국이 드
러난다
아아, 이건 어떤 사고의 흔적이 아닐까 생각이 스친다
검은 상처를 쓰다듬으며 병정놀이가 힘든 건, 수평선에
눈을 얹혀 두고 그냥 얼버무린다
그리고 단호하게 말을 끊는다
― 우리는 구타의 전성시대에 살고 있으니까 ―

- 〈바다에 살고지고(2)〉 전문

　화자가 해군으로 3년간 전투 구축함을 타고 대한민국 해역을 지킬 때를 시적 산문으로 쓰고 있다. 〈바다에 살고지고 1·2〉는 화자의 객관적 체험을 바탕으로 과거 군 시절을 회상한다. 해상에서 생활하며 가끔 어선을 통제할 때가 있다. 제한 구역을 벗어났을 때와 군함의 장병 부식이 필요할 때다. 그러나 간혹 생선을 받고 고깃값은 제대로 지불하지 않았던 경우가 있었다고 고백한다. 또 하나는 같은 수병들과 갑판에서 배구를 즐기던 중 긴부리돌고래 두 마리가 갑판 위에 튀어 오르며 일어난 생소한 일을 리얼하게 다룬다.
　작가는 인간의 감정이나 경험을 주로 작가의 주관에 비친 대로 표현하건, 그 주관을 다시 객관적 방법에 의해 그려내건, 결국은 개성의 심상에 비친 사실들이 전신의 프리즘을 통해 나타나는 재창조이다. 이렇게 자신의 객관적인 체험을 바탕으로 삶의 의미를 재발견한다. 프랑스의 현대철학자 질 들뢰즈(Gilles Deleuze)는 "유한한 것을 재창조해서 무한한 우주의 실체를 사유하는 예술"이라 했다. 그렇다면 오늘의 작가란 누구인가? 평자는 오늘 화자의 늪 속에서 사유의 실체를 같이 유영하고 있다. 이렇듯 문학과 관련해 공존의 문학이라는 공통분모의 길을 같이 가는 것이다.

3. 나가기

작금의 21세기 문화는 장르의 파괴나 해체가 시작된 지 오래고, 분야 간의 상호작용이 가속화되어 문화예술은 또 다른 차원에서 자리매김하고 있다. 이러할진대 문학논쟁의 시발이 되게 하는 시문학은 인간과의 떠다박지르며 비비대고 낀다거나 하는 것을 싫어한다. 이들, 이를테면 자연을 통해 인생의 산보가(散步家)이기에 늘 생존경쟁에서 밀려나 있는 듯하나, 변해 버린 생활환경과 이국적 환경에서 아무리 오랫동안 삶을 이어간다 해도 작가적 연조는 작품으로 이를 생산하는 시가 될 수밖에 없다.

우리에게는 각자의 고향이 있고, 그곳에는 지성과 결합된 세계가 존재하며, 존재와 문제에 대한 발단은 언제나 고향과 그리움이라는 서정적 결핍으로부터 출발한다는 진리에는 변함이 없을 것이다. 그렇다면 한만수의 정신세계의 발화점은 어디일까? 그 진수(眞髓)의 발화점 역시 항상 머릿속에 잠재된 고향에 대한 향수와 그리움으로부터 촉발된다. 세상에서 고아가 되었다는 가와바타 야스나리(川端康成)가 그렇고 에드거 앨런 포(Edgar Allan Poe), 두보(杜甫)와 톨스토이가 그러했다. 이렇게 다들 인생을 통찰하고 나이가 익어감으로써 서정의 감미로움을 씹기도 하고, 지성이 섬광처럼 번득인다. 그렇기에 시는 담수(淡水)와 같은 심정으로 삶을 돌아보게 된다. 그의 시적 언어 또한 문학적 낯설게 하기보다 서정적 은유의 세계를 주제로 한 진입을 망설임 없이 보여주고 있다.

　오늘도 화자는 흑연필로 데생하며, 새로운 시작(詩作)에 몰두할 것이다.